Haz Que Siga Volviendo a Casa, con AMOR

"Sé Intencional a la Hora de Fortalecer Vuestro Vínculo"

Escrito por

Shenitha Finesse Anniece

Publisher - Author - Writer

S.H.E. PUBLISHING, LLC

Haz Que Siga Volviendo a Casa, con AMOR
"Sé Intencional a la Hora de Fortalecer Vuestro Vínculo"

© Copyright 2024 por Shenitha Finesse Anniece – Todos los derechos reservados.

Queda prohibido reproducir, duplicar o transmitir cualquier parte de este libro en medios electrónicos o en formato impreso. La grabación de esta publicación está estrictamente prohibida.

Library of Congress Control Number: 2024933378

Número de control de la Biblioteca del Congreso: 2024933378

ISBN: 978-1-953163-74-5 (libro en rústica)

10 9 8 7 6 5 4 3 2 1

DEDICATORIA

Este libro está dedicado al que ha sido mi marido durante 20 años, a nuestros padres que se aseguraron de que nunca viésemos los obstáculos que ellos atravesaron, a mi cuñada, que ha sido un fantástico modelo a seguir para mis hijas, y a mis cuatro increíbles hijas que un día llegarán a entender el significado del amor en un contexto distinto.

Este libro también está dedicado a los hombres y mujeres que tratan de construir mejores relaciones y aportar valor a otros en sus vidas, jóvenes y mayores. Todo el mundo tiene una historia única que contar.

ÍNDICE

Introducción i

El Viaje de "L": Aprender y Quererse el Uno al Otro 1

    Momento Uno: Clase de Educación Vial 3

    Momento Dos: Conocer Nuestras Fortalezas Individuales y Hacer Que Funcione 7

El Viaje de "O": Superar los Obstáculos 11

    Momento Tres: Revivir el Pasado 15

    Momento Cuatro: Construir un Futuro Mejor . 21

El Viaje de "V": Valorar la Tradición Familiar 25

    Momento Cinco: Los Picnics por el Día del Padre 27

    Momento Seis: Estar Juntos en Vacaciones y Cumpleaños 30

El Viaje de "E": Ampliar la Visión Familiar 35

    Momento Siete: Los Multimillonarios de Burton 37

    Momento Ocho: Ruedas exclusivas de Showtime 41

Epílogo/Conclusión 45

Agradecimientos 59

Sobre la Autora 61

INTRODUCCIÓN

¡Felicidades! Si ya has comenzado el viaje de leer y/o escuchar el contenido de este libro, te has adentrado en el reino de ideas valiosas que puedes usar en tu propia vida personal, o regalar estas ideas a alguien que esté recorriendo el viaje de construir una relación. Que Siga Volviendo a Casa *con Amor* es una colección de 4 libros que trata el ser intencional al crear un vínculo, no solo con tu pareja, sino con toda tu familia, incluyendo a tus amigos. No pasa nada por ser intencional en tus relaciones. Este libro en concreto se centrará en el *Amor:*

Aprender y Quererse el Uno al Otro;
Superar los Obstáculos;
Valorar la Tradición Familiar; y
Ampliar la Visión Familiar

Cuando pienso en el pasado y en cómo una relación entre un hombre y una mujer solía ser, los hombres eran los que llevaban los pantalones y eran los cabeza de familia, mientras que las mujeres cuidaban de la casa, alimentaban a la familia y ayudaban al marido. Como bien sabemos, los tiempos ciertamente han cambiado. Con el afán de competir con las redes sociales y todos los deseos de negatividad, cada vez es más y más complicado construir relaciones sólidas. Por lo tanto, además de utilizar la iglesia y los consejeros, esta es otra manera de compartir y luchar juntos para construir un vínculo más fuerte dentro de nuestras relaciones.

En este libro, compartiré algunos de mis momentos más íntimos, que han sido los ingredientes por los que a día de hoy sigo siendo una mujer casada, y como con cualquier receta, tienes que modificarla a tu gusto, si sabes lo que quiero decir.

Las cosas pueden cambiar en un abrir y cerrar de ojos si no te preparas para el 911. Seguí preparándome para los momentos desafiantes de la vida, y obtuve un doctorado en saber cómo estar casada durante 20 años. Compartir mi mundo con el hombre de mis sueños durante 26 años me ha permitido cometer errores, obtener sabiduría de mis experiencias y aprender de los demás. He sido bombardeada con diferentes ideas de que mi padre DIOS me protege a mí y a mi familia. Mi copa está a rebosar. Estoy convencida de que todo sucede por una razón y que nuestras experiencias son la preparación para lo que está por venir. He pasado incontables días y noches pensando en ideas para matrimonios más sólidos. Dicho esto, he sido intencional y estratégica sobre el cuándo y el qué de cómo me muevo dentro de mi relación, especialmente con la relación con mi hombre.

Estoy segura de que cuanto antes te dediques al *Amor*, antes podrás relacionar, compartir y/o usar las ideas de este libro para ayudar a construir tus relaciones.

Que Siga Volviendo a Casa, *con amor*.

EL VIAJE DE "L": APRENDER Y QUERERSE EL UNO AL OTRO

"Deberíamos amarnos todos en paz y armonía."
Bob Marley

Si hubiese sabido entonces lo que sé ahora, las cosas habrían ido mucho mejor en mis relaciones con un número de personas en mi vida. Si conociese mis fortalezas individuales, sabría cómo acercarme desde el balcón, y si conociese mis debilidades, sabría controlarlas desde el sótano.

Construir relaciones puede ser todo un reto, pero se vuelve más fácil cuando te conoces mejor a ti mismo. Te vuelves maduro, más sabio y comienzas a ver tu liderazgo, lo que contribuye a las decisiones que tomas en la vida. El consejo de hoy es que emprendas el viaje de aprender y saber quién eres, e intentes averiguar cómo funcionan también los demás cerca de ti. Mi viaje de aprendizaje y construcción de una relación sólida con mi marido durante 20 años se originó en una clase de educación vial. En ese momento no tenía ni idea de que él sería el hombre con el que me casaría y tendría cuatro hijas preciosas. Este sería el hombre que participaría en mi montaña rusa del *amor*.

Momento Uno:
Clase *de* Educación Vial

"Dime y lo olvido. Enséñame y lo recuerdo. Involúcrame y lo aprendo". Benjamin Franklin

Mientras estaba sentada en mi silla en la clase de educación vial en mi segundo año en el instituto Marie Sklowdowska Curie, el profesor le planteó una pregunta al grupo. Un chico cuatro asientos a mi derecha levantó la mano y comenzó a hablar. Era un joven apuesto, de piel clara, que tenía los labios de LL Cool J y una sonrisa que hace que te derritas como la mantequilla cuando empieza a burbujear en una sartén caliente. Respondió a la pregunta de la que yo no sabía la respuesta y, para mi sorpresa, él tampoco sabía la respuesta. Él estaba convencido de su respuesta y toda la clase se rió entre dientes, yo incluida, cuando su respuesta fue incorrecta. No solo era apuesto, sabía cómo hacer reír a todos en la clase con sus respuestas incorrectas. Eso es increíble. Ese es un día que me viene a la mente muy a menudo, y es uno que nunca olvidaré.

¿A quién no le gusta un hombre que hace reír? Mi marido y su amigo Kevin asistían a la clase de educación vial en el instituto al que yo iba porque no la tenían en el colegio al que ellos iban. Mi marido, en ese momento de su vida, tenía una personalidad muy encantadora y muchas le miraban. Así que, necesitaba destacar sobre el resto para asegurar la mercancía: el joven que algún día sería mi marido. Así que, ¿qué es lo qué hice? Cogí su libro de educación vial y me lo metí debajo de mi camisa. Puedo verte negando con la cabeza y diciendo: "Qué jovencita tan avispada". Solo tenía que hacer algo. Entonces le dije que viniese a buscarlo. Sé que no fue algo muy propio de una señorita, pero seguro que le dio curiosidad. Atrajo su atención hacia mí.

Por supuesto que no iba a permitir que este apuesto compañero de piel clara urgase por debajo de mi camisa, pero la fantasía se presentó así. Le hizo pensar "¿Cómo sería?" Todos sus sentidos serían partícipes: la fragancia que llevo; mi tacto suave; y el sonido de una dulce canción de amor. Sinceramente no estaba pensando en la grave intensidad de esta situación en ese momento. Es solo algo que regresa en mi mente porque en ese momento, de verdad que no estaba tratando de ser intencional, solo estaba tratando de pasármelo bien.

Después de la clase de educación vial, no lo habría vuelto a ver hasta un año después. Yo llevaba una falda negra, una bonita camisa blanca y estaba lista para disfrutar de la fiesta del año "¡La fiesta de bienvenida!" ¿A quién no le gusta la fiesta de bienvenida? Te arreglas, quedas con todos tus amigos, echas fotos y pasas un buen rato conociendo a gente nueva que irá a tu colegio. Mientras caminaba con mis amigos para echarme una foto, ¿con quién me topé? Era él, el apuesto compañero de piel clara de la clase de educación vial. Todo lo que recuerdo es su vibrante sonrisa y la camiseta roja de Nike que llevaba puesta. Hablamos, y él realmente se acordó de mí. Y ya sabes cómo va esto, no quieres parecer demasiado ansiosa, así que tienes que dejar la conversación para mostrar que tienes otros asuntos urgentes esa noche. Más tarde, durante la noche de la fiesta de bienvenida, unos chicos empezaron a invitarme a bailar y les dije que no. Quería que supieras quien tenía que sacarme a bailar. Podía verlo por el rabillo del ojo observándome mientras rechazaba a los otros chicos. ¿Me iba a invitar a bailar en algún momento? Por fin estaba en sus brazos bailando una de mis canciones favoritas. Después de esa noche llena de encanto, todavía no llamaba la atención de ese apuesto compañero de piel clara. ¿Qué tenía yo de malo?

Aproximadamente un mes después, mientras caminaba por el pasillo del instituto al que yo iba, un amigo mío, que también era amigo de mi ahora marido desde hace 20 años, se me acercó y me dijo: "Llama a mi colega" y me pasó su número. Eric estaba preparado para darme coba para que yo accediese a llamar a su amigo. Esto parecía el asalto número 3, así que tuve que llamar. Tardé alrededor de 2 a 3 días en llamarlo, y cuando lo hice, hablamos toda la noche, hora tras hora. El resto sería historia. Nuestra historia se convirtió en "The Jermaine & Finesse Saga."

Lo que aprendí de este momento es que es importante reflexionar sobre la emoción que tenías cuando conociste a la persona con la que algún día compartirías tu mundo. Intenta recordar los detalles de todo porque necesitarás estos recuerdos como motivación cuando empieces a pasar por las etapas de aprendizaje mutuo. Al principio, siempre es bueno, pero si estás en una relación con alguien durante más de un año y las responsabilidades están asociadas a la relación, las cosas empezarán a ponerse complicadas y desafiantes. ¿Y por qué ocurre eso? Bueno, cómo lo consigues es cómo lo mantienes. Necesitaba asegurarme de seguir siendo ese primer día y ese primer mes yo, la chica que le despertaba interés y atraía su atención. También es importante tener confianza en lo que haces y en cómo avanzas, y crear esa fantasía siendo creativo y estratégico a la hora de lidiar con las situaciones. En cuanto a mí, puede que no sea la más sexy, pero soy sexy. Puede que no sea la más guapa, pero no estoy mal, y puede que no sea la más inteligente, pero sé cómo hacer "Que Siga Volviendo a Casa....... *con Amor.*"

Momento Dos: Conocer Nuestras Fortalezas Individuales *y* Hacer Que Funcione

"Mientras Mejor te Conozcas a ti Mismo, Mejor Será tu Relación con el Resto del Mundo". Toni Collette

A medida que él y yo nos volvimos más cercanos, y pasaron los años, se nos presentaron desafíos. Uno de nuestros desafíos fue construir una familia. Me quedé embarazada con 20 años y di a luz a mi primera niña con 21 años. No tuve el lujo de disfrutar de una bebida alcohólica cuando cumplí los 21. Tuve que beber agua con gas. Aunque había estado en una relación con el amor de mi vida y habíamos estado en una relación seria durante cuatro años, realmente no sabía quién era él. De hecho, todavía no entendía muy bien quién era ni sabía en ese momento cuál era mi propósito en la vida. A veces me pregunto; ¿se puede realmente llegar a conocer a una persona? ¿Está esta persona viviendo una doble vida? Una cosa que aprendí de esta relación es que necesitas agua para sobrevivir, y él era mi agua con gas.

El desafío de construir juntos una familia nos obligó a empezar a conocernos a otro nivel. Pero conocerse es más que solamente preguntar cuál es tu color favorito, tu comida favorita o cuál es tu tipo. Conocernos se convirtió más en cómo nos comunicamos, con qué lideramos y nuestra forma de pensar. Se trataba de cómo queríamos que nos celebraran, y ¿tenemos lo que necesitamos para tener éxito en esta relación? ¿Te suenan de algo estas preguntas? Estas son preguntas auténticas que una empresa haría en una entrevista de una posible contratación. Para fortalecer mi relación con él, tuve que profundizar en quién era yo y quién es él.

Trabajé para los tribunales federales durante 21 años y fui sometida a una evaluación a través de "StrengthsFinder 2.0", un libro de Tom Rath. Cada libro que se compra tiene una página web y un código especial dentro para que puedas ganar acceso a una evaluación. Si respondes las preguntas de forma sincera, cuando los resultados se revelan, comenzarás a ver cómo funcionas, con qué lideras, y recibirás un nombre en base a cómo has estado funcionando en tu vida todo este tiempo. Incluso podrás identificar te han percibido los demás. La evaluación genera un informe y hay sugerencias respecto a cómo trabajar tus fortalezas. Esta es una evaluación muy fáctica e ingeniosa.

Jermaine y yo nos sometimos a la evaluación y ha sido muy beneficiosa para nosotros. Te animo a ti, a tu media naranja, a tus amigos y familiares a que os sometáis a la evaluación o cualquier otra evaluación que os permita aprender más sobre vosotros mismos. Es cierto que cuando te conoces a ti mismo, tus relaciones con las personas de tu mundo mejoran. Jermaine y yo seguimos aprendiendo a diario más sobre nosotros mismos. Todavía tenemos conversaciones apasionadas, pero somos capaces de comunicar cómo funcionamos para evitar malentendidos en el futuro. También es importante respetar y entender las diferencias entre nosotros, y esto al final, dará lugar a la construcción de un vínculo más fuerte.

Lo que aprendí de este momento es que si soy capaz de usar mis fortalezas la mayor parte del tiempo en mis relaciones y controlar mis debilidades, puedo construir un vínculo más fuerte con mi hombre, mi familia y mis amigos. Si puedo pintar la imagen de una relación exitosa y ganar la aceptación de mi hombre, esto podría desembocar en una relación más fuerte y prolongada, y esto hará "Que Siga Volviendo a Casa……. *con Amor.*"

EL VIAJE DE "O": SUPERAR LOS OBSTÁCULOS

"Si un hombre te quiere, nada puede mantenerlo alejado. Si no te quiere, nada puede hacer que se quede".
Oprah Winfrey

Diría que en los primeros cinco a diez años de mi matrimonio se dieron lugar varios momentos de superación de obstáculos. Diría que en la mayoría de las relaciones, esa afirmación suele ser cierta por diferentes razones. Superar obstáculos en mi relación tenía que ver con conocernos. Cada ser humano es diferente. El punto en el que entré en una relación con él se convirtió en factor del reto porque yo era muy joven. El hecho de que tuviéramos un nuevo bebé en las etapas iniciales de nuestra relación no mejoró las cosas, y no pudimos realmente disfrutar el uno del otro como adultos. La infidelidad se convertiría en un obstáculo también.

Otros obstáculos pueden incluir tener hijos de una relación anterior, no querer hijos, no querer tener más hijos mientras que por otro lado el otro cónyuge si que quiere, que este sea tu segundo o tercer matrimonio, las finanzas y tu cónyuge que piena que el matrimonio es lo que se proyecta en la televisión. Creo que estarías de acuerdo en que esto tiene para rato. Estos son obstáculos por los que han pasado nuestros padres y abuelos, pero por alguna razón, estos obstáculos no siempre se comparten con nosotros cuando comenzamos a recorrer la edad adulta. Cuando nos enfrentamos a un desafío en la relación, solemos creer que somos la única persona a la que le está pasando, cuando todo el tiempo, tus vecinos de enfrente o tus propios padres podrían estar pasando por lo mismo en ese preciso instante. Yo diría que compartir esos momentos con nuestros hijos cuando alcanzan la edad adecuada, así como compartirlos con los amigos y familiares en los que confiamos puede ser beneficioso, y crea una sesión de terapia que se necesita en toda relación.

Volviendo a él y a mí, nos conocimos a los 15 años de edad, tuvimos una niña preciosa a la que llamamos Jada Alexis, nos mudamos juntos al llegar Jada, y nunca compartimos la responsabilidad de las facturas y de formar una familia juntos. No habíamos ido a ningún cursillo antes de casarnos, ni éramos una pareja que rezase juntos, lo cual recomiendo. El beneficio de la terapia, ya sea a través de la iglesia, una agencia o a través de este libro, te permite comenzar a identificar mejor los obstáculos que se te presentan, y puede proporcionarte una estrategia para ser intencional y estratégico a la hora de lidiar con esos obstáculos presentes en tu relación.

Ser estratégico a la hora de lidiar con los obstáculos puede incluir escribir las respuestas a todas las preguntas planteadas en la sección *Aprender sobre Nuestras Fortalezas Individuales y Hacer que Funcione* de este libro junto con la revista *"Haz Que Siga Volviendo a Casa con Amor"*. Escribir esos recuerdos del primer momento, así como los obstáculos que anticipas que se interpondrán en tu relación es la clave para tener éxito en tu relación. Además, en el próximo libro, *"El Calor de tu Hogar Determina la Temperatura de tu Relación"* te dará más detalles sobre cómo identificar y ser estratégico en tu exitoso plan de acción. ¡El objetivo es planificar tu trabajo y trabajar en lo que planeas!

En los próximos dos momentos, empezarás a ver cómo el obstáculo identificado de revivir el pasado podría echarte un cable dentro de tu relación, y cómo puedes estar preparado para ser estratégico en la construcción de un futuro más brillante al incorporar todas esas cosas que escribiste acerca de tus primeros recuerdos y los obstáculos a los que yo llamo "911".

Momento Tres: Revivir el Pasado

"Un hombre puede quererte con todo su corazón y a pesar de eso encontrar un hueco para alguien que, según él afirmó, no era nadie". Kiki Strack

Lo recuerdo como si fuese ayer. Sentada en la comodidad de mi lujosa cama, viéndolo ir de un lado para otro mientras hacía las maletas. Parecía como si fuese difícil para él decir lo que parecía que quería decir durante días. Las palabras que escuché seguidamente me romperían el corazón para siempre. Esas palabras fueron, no eres tú, soy yo. ¿Qué tipo de tontería para decir es esa? En este punto de nuestra relación, ahora teníamos dos hijas preciosas. Habíamos estado casados durante al menos cinco años y yo había tenido que lidiar con numerosos momentos difíciles durante esos cinco años de matrimonio. Cuando él empezó a hacer sus maletas para irse y mudarse a otro sitio porque ya habíamos tenido una conversación exaltada, empecé a pensar en la promesa que nos hicimos el uno al otro en el altar. No solo estaba herida, sino que estaba furiosa. Íbamos a estar juntos en lo bueno y en lo malo, en la enfermedad y la salud, y todas esas otras cosas buenas. Como esposas, es nuestro deber y responsabilidad jurada luchar por nuestro matrimonio. Cuando se trata de celebridades o gente común como yo, cuando estás casada, no se considera una tontería o estupidez luchar por tu amor. No tienes que convertirte en una estadística más. Sin embargo, ambas personas tienen que estar dispuestas, y puede ser que tú lo estés en diferentes momentos dentro del desafío.

Hubo un momento en mi matrimonio donde mi marido y yo nos separamos. Incluso él se fue de nuestra casa. De hecho, fui con él a comprar la casa en la que él viviría. En ese instante, comprendimos que yo necesitaba sentirme cómoda con el sitio donde mis hijas descansarían cuando estuviesen con él. Nuestro objetivo era que intentar resolver esto. Pensamos que necesitábamos este espacio para reagruparnos para centrarnos en avanzar hacia un futuro más brillante, y si no podíamos dejar de revivir nuestros errores del pasado, tendríamos que tomar la decisión de ir cada uno por su lado legalmente. Incluso redacté un acuerdo de separación. Una cosa sobre la separación es que trae más obstáculos, y el obstáculo que ambos teníamos que enfrentar fue la "Infidelidad".

"Una relación no es una prueba, entonces, ¿por qué engañar?". Desconocido

La infidelidad es un momento que no quiero volver a revivir nunca. Si alguna vez en tu vida has vivido una infidelidad, recordarás dónde estabas cuando pasó, con quién estabas cuando pasó y cómo te sentiste cuando pasó. A diferencia de las películas, nunca me encontré a mi marido engañándome. Durante esa etapa, yo tenía ese presentimiento, y/o quizás vi un mensaje de texto o mensaje directo inapropiado que le llegaba. Cuando tienes esos sentimientos de que tu pareja no es completamente sincera, la mayoría de las veces, estás en lo cierto. Si tienes que contratar a "Infieles", nueve de cada diez veces, tu cónyuge te está engañando o haciendo algo inapropiado con el sexo opuesto o el mismo. Porque ese momento para mí llegó y se fue, es algo que ya no revivo ni por lo que me enfado.

Una de las razones por las que superamos este momento es porque ambos estábamos dispuestos a salvar nuestro matrimonio. Cuando ya no quería estar casada, él luchó por el matrimonio, y cuando él ya no quería estar casado, yo luché por el matrimonio. Estábamos por la labor de trabajar en nuestro matrimonio, pero fue en momentos diferentes durante ese momento difícil. De nuevo, está bien luchar por el hombre o la mujer de tus sueños. Yo conocía el potencial de mi hombre, y él también conocía mi potencial. En el momento de la infidelidad, no pensé que lo conseguiríamos, pero ahora que miro hacia atrás y reflexiono sobre nuestros errores y nuestro crecimiento, puedo ver que compartir mi visión de un matrimonio con éxito fue inculcado dentro de nosotros y no íbamos a echar a perder todo por lo que habíamos trabajado. Sabíamos que si continuábamos reviviendo los momentos de infidelidad, esto inevitablemente nos llevaría a esa palabra mortal, Divorcio. El divorcio es sin lugar a dudas el resultado de revivir el pasado y no poder gestionarlo. Es crucial ser capaz de identificar cómo llegas a este punto para no divorciarte y después darte cuenta de que has cometido el mayor error de tu vida.

He escuchado a algunas personas decir que nunca han vivido una infidelidad. Puede que sea verdad. Al igual que es verdad que algunos padres pueden ocultar cierta información a sus hijos en lo que respecta a ese tipo de situaciones. Este libro está dedicado a mis hijas para asegurarme de que sepan que las relaciones no siempre son lo que han visto en el Disney Channel. Sus padres son humanos, y los humanos cometen errores. Tengo la esperanza de que no cometan los mismos errores que cometimos nosotros: el error de seguir reviviendo el pasado.

Ser capaz de debatir algo del pasado y no enfadarse nuevamente es una señal de crecimiento. Mi marido y yo hemos llegado a un punto en el que todavía estamos creciendo en esta área de nuestra vida y hemos hecho grandes avances. Somos lo suficientemente maduros para saber que éramos jóvenes y tontos. Otra cuestión que me gustaría mencionar es que, como mujeres, tenemos que ser respetuosas las unas con las otras. Cualquier situación puede cambiar y sucederte a ti. Somos mujeres que tenemos madres, hijas, sobrinas, tías y amigas. Todo individuo en la vida significa algo para alguien. Todos somos alguien y todos tenemos sentimientos.

A la hora de superar obstáculos, mi marido y yo éramos demasiado inmaduros para darnos cuenta de lo sagrado que es el matrimonio y lo importante que es vivir el presente y mirar hacia el futuro juntos. Si no eres capaz de hablar de los obstáculos de tu pasado o de los errores cometidos, entonces es que no has sanado de lo que sucedió en esos momentos, y te será difícil poder seguir adelante. Hacerme las siguientes preguntas fue lo que me ayudó a mi a sanar: (1) ¿Estamos en esta relación para construir juntos o estamos perdiendo el tiempo? (2) ¿Con qué nos ha bendecido Dios?; (3) ¿Pueden los buenos recuerdos de nuestro pasado ayudarnos a superar esto?; y (4) ¿Es el divorcio una opción?

Lo que aprendí de este momento es que tienes que ser un participante activo en tus relaciones, ya sea con tu hombre, mujer, amigo o enemigo. Desarrollar una mentalidad a prueba de balas en tu matrimonio te ayudará a cerrar la puerta de atrás, sabiendo que nadie es perfecto, pero también sabiendo que aceptas lo que aceptas y que depende de ti trabajar para mantener tu relación sagrada. Asegúrate de poner algo positivo en tu matrimonio para mantener el equilibrio de los obstáculos que se interpondrán en vuestro camino. Sigue haciéndote esas preguntas importantes para alejarte de revivir el pasado y centrarte en crear un futuro más brillante. Esto sin duda hará que "Siga Volviendo a Casa... *con Amor*".

Momento Cuatro: Construir *Un* Futuro Mejor

"Una relación sólida comienza con dos personas que están preparadas para sacrificar cualquier cosa el uno por el otro". Desconocido

Mi marido y yo renovamos nuestros votos por nuestro quinceavo aniversario. Fue uno de los eventos más bonitos que he organizado y a los que he asistido. La ceremonia fue al aire libre en una terraza privada. El ladrillo rojo del suelo me recordó a las calles del viejo Puerto Rico. La hora del cóctel tuvo lugar en una galería de arte con nuestra manta de juego de tronos con nuestra imagen en la pared como una obra maestra. El piano en la galería de arte le daba el toque perfecto, ya que lo tocarían durante nuestro primer baile. Y la ceremonia tuvo lugar en un salón de banquetes con una iluminación de color burdeos reflejándose en las lámparas de araña, con mesas rectangulares y ovaladas con flores y candelabros encendidos. Tuvimos una increíble renovación de los votos matrimoniales y celebración. Fue uno de los hitos en nuestras vidas que contribuyó a construir juntos un futuro mejor.

El oficiante de la renovación de nuestros votos matrimoniales fue el pastor quien nos habría casado hace 15 años. Eso significó muchísimo para mí. Mientras el pastor permanecía en el altar, sus palabras fueron: "¿Os acordáis cuando hace 15 años os comprometistéis a estar juntos?" Nos preguntó si nos acordábamos de estas cosas y yo no estaba segura de que lo hiciésemos. En este día de nuestra ceremonia, el 5 de agosto de 2017, sería una clase de repaso para nosotros. Sería el día para que realmente escuchemos, recordemos y, en algún momento, veamos el video y escribamos los puntos que nos recordó el pastor. Podríamos usar estos puntos clave todos los días y podríamos continuar construyendo juntos un futuro mejor.

Mi marido no solo me sorprendió al conseguir al pastor que nos casó hace 15 años, sino que también nos regaló a mí y a mis hijas un estilo de vida perfecto. Nos había regalado una segunda casa construida desde cero con vista al lago en nuestro patio trasero, y más tarde nos bendeciría con Drogo y Gi-gi, nuestros bulldogs ingleses. Por si fuera poco, teníamos los mejores vecinos que habríamos tenido nunca. Fuimos capaces de construir relaciones sólidas con nuestros vecinos, lo que también contribuiría a que construyéramos una mejor relación el uno con el otro.

Construir un futuro mejor también se trata de ser capaz de perdonar. Si no perdonas, no podrás ser feliz dentro de tu matrimonio ni en ninguna relación (vecinos, trabajo, etc.). Mientras hablo de mi relación con mi marido, pienso en las relaciones rotas con amigos y familiares que he tenido y que aún puedo tener hasta el día de hoy. Algunas personas han roto relaciones con sus hijos. Sin embargo, esto puede tener un gran efecto en lo relativo a la relación con tu media naranja. Cuando se trata de todas las relaciones, la pregunta sigue siendo, ¿estás construyendo un futuro mejor con esta persona o ese barco ya ha zarpado?

Tienes que ser estratégico e intencional para tener estas conversaciones. He tenido esta conversación numerosas veces y he usado diferentes estrategias, una de ellas viéndose más bonita en esos días. Tengo que exagerarlo. Construir un futuro mejor también consiste en lo que mencioné en una sección previa de este libro, y eso es compartir tu visión de una relación exitosa. Eso da una sensación de esperanza y confirmación de que esta es una relación significativa de la que ambas partes pueden beneficiarse. Cuando se trata de mi familia y mi marido, construir un futuro mejor implica tener reuniones familiares. Los matrimonios con éxito pueden asociarse con negocios exitosos.

Encontrar tiempo para echaros unas risas juntos es otro ingrediente para construir juntos un futuro mejor. Una de mis películas divertidas favoritas es "Hermanos por Pelotas" con Will Ferrell y John C. Reilly. Esa película es un algo positivo depositado en mi cuenta bancaria emocional porque me río durante toda la película. Otro depósito positivo es la iglesia y la noche familiar. Tener una cita nocturna y/o ver reír a nuestras hijas ha contribuido al éxito de nuestro matrimonio y, con la pandemia del COVID-19, hemos encontrado maneras de ser aún más creativos para construir un futuro mejor con nuestra familia.

Lo que aprendí de este momento es que tu pasado es tu base, pero no es tu hoy ni tu futuro. Tu pasado solo debería hacerte más fuerte y vulnerable al *Amor*. La única manera de construir un futuro mejor es avanzar desde el pasado y tomar la decisión de centrarte en el lugar al que te diriges y no en el lugar donde has estado. Es genial reflexionar sobre el pasado, pero seguir reviviendo el dolor puede seguir restando valor al objetivo de construir un vínculo más fuerte. A través de mi viaje de crecimiento y al volver a los objetivos en una relación que apunté, he podido identificar los obstáculos que me impedirían con anticipación y construir estratégicamente un plan de juego para el éxito. Al ser positivo y seguir contribuyendo a construir un futuro más brillante, esto sin lugar a dudas hará que "Siga Volviendo a Casa... *con Amor*".

EL VIAJE DE "V":
VALORAR LA TRADICIÓN FAMILIAR

> *"Una familia feliz es un paraíso anticipado."*
> George Bernard Shaw

La tradición familiar es algo que deberías llevar a cabo de forma intencional porque fortalecerá vuestro vínculo en todo momento. La tradición familiar también puede volver a reunir a personas que han seguido diferentes caminos. Lo he visto de primera mano. "Líos de Familia" es una película que muestra la tradición familiar. Eran las cenas de los domingos las que reunían a la familia y los amigos. La tradición familiar también puede reunir familias mixtas.

Dentro de los próximos dos momentos, compartiré con vosotros las tradiciones familiares que son valoradas por mi familia más inmediata. Mi marido y mis hijas deseando que llegue el Picnic Anual del Día del Padre y estar juntos en cumpleaños y vacaciones. De hecho, en enero del 2020, mi marido y yo habíamos planeado estar fuera de la ciudad por su cumpleaños, pero la serie de eventos que tuvieron lugar antes del viaje hicieron que, después de todo, pudiésemos estar juntos en su cumpleaños.

Momento Cinco: Los Picnics *Por* El Día Del Padre

"La tradición nos toca. Nos conectan y nos expanden."
Rita Barreto Craig

La familia Burton dejan claro el estar juntos y en presencia de los demás en vacaciones y cumpleaños. Jugamos juegos, vemos películas familiares que nuestros hijos eligen, hacemos karaoke y nos inventamos cosas creativas para sorprendernos los unos a los otros.

El picnic por el Día del Padre de Circle Boys es una tradición que creamos que no solo uniría a nuestra familia, sino que también uniría a nuestros familiares y amigos más cercanos. Este día fue un día para celebrar a los hombres en nuestras vidas. La familia Circle Boy incluye siete familias: el Sr. y la Sra. Burton; el Sr. y Sra. McKinney; el otro Sr. y Sra. McKinney; el Sr. y Sra. Smith; Sr. y Sra. Caballero; Sr. y Sra. Sutton; Sr. y Sra. Monegan; y el Sr. y la Sra. Richards.

Despertarse temprano por la mañana en el Día del Padre para un día lleno de DIVERSIÓN bajo el sol. Las esposas se preparan para este día mientras decidimos el menú y las actividades a llevar a cabo. Llegamos al punto donde trabajamos con camisas del mismo color, e incluso nos echamos fotos familiares y una foto de grupo. Yo incluso compré una pancarta grande con fotos del año anterior.

Todos los años, en enero, yo pagaba y alquilaba un buen sitio para nuestro picnic anual del Día del Padre. Esto era para él. Pero que mejor para hacer que colaborar y celebrar con personas que tienen el mismo objetivo de tener matrimonios que perduren. Una cosa importante sobre la colaboración es asegurarse de que todo el muno de tu círculo (las otras parejas) respeten tus relaciones individuales y contribuyan con una parte especial de ellos a este evento. El picnic del Día del Padre reunió a un círculo de familias para comer, pasarlo bien, jugar y, lo más importante, crear recuerdos.

Lo que aprendí de este momento es que asegurarse de que haya un día o unos cuantos días que mi marido esté deseando que llegue es muy importante, pero poder colaborar con parejas que tienen el mismo objetivo en mente siempre es una gran contribución para que "Siga Volviendo a Casa... *con Amor*".

Momento Seis: Estar Juntos en Vacaciones *y* Cumpleaños

"La tradición no es la adoración de las cenizas, sino la preservación del fuego." Gustav Mahler

Después del viaje de aprender a como ser madre, esposa y tratar de equilibrar todos los demás roles en mi vida que tengo como ser hija, cuñada, nuera, empleada, jefa, amiga, que evidentemente aún tengo que dominar, llegó el momento de empezar a formar recuerdos con mi marido y mis cuatro preciosas hijas que perdurarían toda la vida con las generaciones venideras. Crear tradiciones en las vacaciones y los cumpleaños es algo que mi familia intermedia recordará y seguirá participando por siempre. A la larga, será el resultado de lo que hacen dentro de las familias que forman, y la tradición florecerá y continuará construyendo un vínculo más fuerte dentro de sus relaciones.

Estar juntos en vacaciones y cumpleaños es una tradición en nuestra familia. De hecho, no solo celebramos el día del cumpleaños, ¡celebramos los meses del cumpleaños! Cuando se trata de días festivos, si un amigo o familiar decide montar una fiesta en ese día concreto de las vacaciones (por ejemplo, el 25 de diciembre – Navidad), si esto implica que la familia se separe, este es un evento en el que no participaremos.

El 2020 es un año que rompería la tradición de la familia Burton de estar junta en los cumpleaños. Este fue un cumpleaños significativo para mi marido y él quería ir a Montego Bay, Jamaica, solo él y yo, y yo tenía que hacer que eso pasase. Cuando vas a un lugar como Montego Bay

Jamaica y te alojas en el resort Secrets, llevar a los niños no es una opción. Así que, este sería el año en que los niños no nos verían el día del cumpleaños de mi marido, pero ¿dejaría el universo que esto ocurriese?

Me acuerdo como si fuese ayer cuando recibimos la llamada de que el padre biológico de mi marido había fallecido. El funeral estaba programado para el día del cumpleaños de mi marido en Ft. Lauderdale, Florida, pero ese día teníamos que estar en Jamaica. Sin pensarlo, cogimos un vuelo a Fort Lauderdale, Florida y retrasamos el viaje a Jamaica para llegar al funeral. Mientras hacíamos las maletas, y aún en el proceso de romper la tradición familiar de estar con nuestras hijas por sus cumpleaños, miramos y pensamos que al menos estaríamos con nuestra familia extendida en Florida. Eso nos dio un poco de consuelo al romper la tradición.

Llegando al aeropuerto, el día antes del cumpleaños de mi marido, parecía que iba a ser una experiencia agradable. Cuando se abrieron las puertas dobles del aeropuerto y entramos, nos recibieron de inmediato largas filas alrededor del aeropuerto, caras rabiosas y miradas de decepción. Cuando fuimos al área de reclamación del equipaje y metimos nuestro número de vuelo, apareció un error. ¿Cómo pude olvidar el número de vuelo? Busqué en mi teléfono y encontré el número de vuelo, pero parecía que era el mismo número que había metido en el sistema, así que lo volví a intentar. Para mi sorpresa, todos los vuelos se habían cancelado debido a la niebla y nuestro vuelo se reprogramó automáticamente para el día siguiente a las 8:00 p.m. Fue una pesadilla. El funeral fue por la mañana durante el día así que necesitábamos llegar a Ft. Lauderdale Florida lo más rápido posible. Mi marido quería ser un apoyo para sus hermanastras y hermanastros que también estaban pasando por un mal momento debido a la repentina muerte de su padre.

Después de permanecer en una larga fila durante aproximadamente una hora, finalmente llegamos al mostrador de uno de los empleados. "¿Hay algún vuelo a cualquier parte de Florida para esta noche?" Le pregunté al empleado, "estamos intentando llegar a un funeral". El empleado estuvo mirando y nos comunicó que no había ningún vuelo a Florida que nos llevara al funeral a tiempo. Mi marido y yo estábamos incrédulos. No podíamos creer que nos perderíamos el día en el que queríamos mostrar nuestro amor y apoyo a la familia Thompson, pero a veces me pregunto, ¿fue el universo el que obligó a mi familia a estar junta por su cumpleaños? Reprogramamos nuestro vuelo a Jamaica para el día después del cumpleaños de mi marido, ¿sabéis que es lo que significó? Que pasaríamos su cumpleaños con nuestras cuatro preciosas hijas.

No teníamos nada planeado para el día de su cumpleaños porque íbamos a estar en un funeral pero debido a la niebla, no lo conseguimos. Terminamos no solo pasando su cumpleaños significativo con nuestras cuatro impresionantes hijas, sino que todos estábamos juntos en "House of Pizza" poniéndonos al día con todo el jaleo de los Burton: mi suegra, mi suegro, mi cuñada, mis cuatro hijas Jada, Jasmyn, Jordyn y Jade, y mi marido Jermaine. Verdaderamente estábamos donde se suponía que debíamos estar en ese momento.

Lo que aprendí de este momento es a valorar la tradición y comprender cuán valiosa es la tradición. Las tradiciones familiares nos mantendrán unidos durante esos tiempos difíciles y aseguran la construcción de un vínculo más fuerte.

Dicen que la vida es corta y que debemos valorar cada momento, pero ya que la muerte es inevitable, debemos recordar los recuerdos que tenemos y continuar manteniendo vivo el legado de la tradición. Esto, mi amigo, el valor de la tradición hará que "Siga Volviendo a Casa… *con Amor*".

El Viaje de "E": Ampliar *la* Visión Familiar

> *"Quiero agradecer a Dios por todo lo que ha hecho en mi vida."*
>
> James Harden

Ser futurista y compartir mi visión con mi familia es algo que nos ha acercado mucho más. Representa esperanza, así como algo que esperar. También es algo en lo que se piensa durante tiempos difíciles para seguir avanzando. A diferencia de la mayoría de los que tienen un tablero de visión, tengo un papel de visión que pego en la ventana de mi cocina con la esperanza de que Dios nos esté viendo y vea el brillo de mi papel mientras el mundo gira.

La manzana no cae lejos del árbol ya que descubrí que mi hija la mayor también estaba haciendo lo mismo. Puso sus metas y sueños en papel y los puso en su ventana para que DIOS lo viese. Aunque siento que mi historia ya está escrita, eso no significa que mi Padre Celestial no pueda malcriar a su hija como lo ha hecho en el día a día.

Mi marido y mis hijas tienen nuestras reuniones familiares habituales los domingos donde compartimos nuestros sueños y aspiraciones individuales. No solo hablamos sobre nuestras metas y aspiraciones, sino también sobre cómo llegaríamos allí. Una de mis mentoras, Joan Moore, siempre ha sido fiel al "Planificar Tu trabajo y Trabajar En Lo Que Planeas". Entonces, ¿qué hicimos para planificar nuestro trabajo y trabajar en nuestro plan? En los próximos dos momentos, compartiré cómo comenzamos como familia para ampliar nuestra visión familiar y, en mi corazón, esto hizo que todos siguiésemos volviendo a casa…… con Amor.

MOMENTO SIETE: LOS MULTIMILLONARIOS DE BURTON

"Una visión sin acción es sólo un sueño, una acción sin visión carece de sentido, pero una visión con acción puede cambiar al mundo." Joel A. Barker

Mi marido y nuestros hijas comparten tantas ideas juntos. Metas que compartimos con nuestros hijas y entre nosotros que puede que se hagan realidad o no, pero sabemos que antes de que dejemos esta tierra, vamos a implementar uno o dos de esos sueños. ¡Mi documento de perspectiva incluía cada sueño y meta, y nuevamente, fue puesto en la ventana para la aprobación de mi Padre Dios!

Para lograr ser los multimillonarios de Burton, tuvimos que establecer una base sólida con nuestras hijas. Al establecer y tener reuniones familiares, nuestras hijas comenzaron a comprender el poder de la organización y es importante tener un plan de juego para lo que aspiramos hacer. No somos una familia que vaya a la iglesia todos los domingos, pero si que somos una familia que cree en Dios y creemos que hay poder en la lengua. Dicen que la familia que reza unida permanece unida. Cuando mandemos oraciones, descenderán bendiciones, pero teneis que arrodillaros y rezar en familia.

La visión sin acción solo resultaría en un sueño, y si quieres que ese sueño se haga realidad, debes ser un hacedor y no solo un hablador. Cuando nos mudamos a la segunda casa que se construyó, me decidí a tomar una parte del contenido en mi papel de visión y decidí escribirlo en varios pósits. "50,000.00 $" es lo que escribí en 15 pósits pequeños rectangulares azules. Los puse por toda la casa. Puse uno en el espejo de la entrada de la puerta, puse uno en el frigorífico, puse uno en el espejo en los 3 baños, puse algunos en las paredes y en los armarios. Hice todo esto cuando las chicas estaban fuera de casa. Cuando llegaron a casa con su papá, no dije nada. Solo documentaría su reacción.

Cuando oí que el auto se detenía, supe que este sería un momento interesante. Abrieron la puerta y empezaron a ver los pósits azules. Como siempre, mi marido no se dio cuenta de nada. Sin embargo, las chicas estaban intrigadas y necesitaban saber más. Empezaron a decir la cantidad de dinero en voz alta: hay poder en la lengua. Entraron a la siguiente habitación y leyeron el número en voz alta otra vez. De hecho, comenzaron a hacer algo que nunca antes habían hecho. Buscaron por toda la casa para ver dónde y cuántos de estas pósits azules que decían "$50,000.00" podían encontrar. Las niñas volvieron y me dijeron: "Mami, esto es un juego porque sabemos cuántos pósits hay." Sabían dónde estaba cada pósit y sabían al detalle cómo se habían colocado en las paredes, ventanas, puertas, espejos y en el armario. Me habían suplicado y suplicado que se lo dijese. Simplemente dije que esto era solo para agrandar su visión, sonreí y seguí con mi rutina diaria. Después de ese momento, no es broma, se les ocurrieron formas creativas de pensar. Las chicas incluso habían ideado su propio juego y otras ideas para su vida. Esto fue impresionante para mí. Ahora sé cual es tu pregunta, ¿se hicieron realidad los $50,000.00? Ese sueño y meta para mí en mi vida se ha hecho realidad, y de hecho, mi copa está a rebosar, si sabes a lo que me refiero.

No todo el mundo está interesado en convertirse en multimillonario, y eso es FANTÁSTICO. Las diferencias entre las personas equilibran el mundo. Algunas personas ya son multimillonarios como los Carter. Tener una vida abundante que equilibre tus creencias/espiritualidad, familia, riqueza, salud y educación es ser una persona con una verdadera riqueza. ¿Cómo clasificarías las relaciones que tienes con el dinero, los amigos, la familia, el trabajo, la religión y la salud? Sigo tratando de hacerlo mejor a la hora de equilibrar mi vida, pero no siempre lo hago bien. Pero he empezado a concentrarme en mis fortalezas y a encargarme de mis debilidades. He sido reconfigurada para entender que no tengo que ser una persona polifacética para tener una vida abundante. Todo lo que necesito hacer es ser la estrella que solo puedo ser yo que colabora con otros que son las estrellas en lo que hacen. Todos nos necesitamos en esta vida. Aprendí esto de uno de mis entrenadores de fuerza, Beverly Griffith-Bryant.

Lo que aprendí de ese momento es que ampliar la visión familiar trata realmente de vivir una vida abundante, arriesgarse, probar cosas nuevas aunque no tengan sentido y pasarlo bien. Nuestros hijas algún día tendrán que salir de casa y encontrar su camino. La visión que mi marido y yo les hemos inculcado, y las semillas que hemos plantado en ellas, les ayudarán a mantenerse con los pies en la tierra y humildes con el objetivo de vivir una vida abundante. Ampliar la visión de la familia sin lugar a dudas hará que "Siga Volviendo a Casa todo el tiempo… *con Amor*".

Momento Ocho: Ruedas exclusivas *de* Showtime

"Si no vas en busca de lo que quieres, nunca lo tendrás. Si no preguntas, la respuesta siempre será no. Si no das un paso adelante, siempre estarás en el mismo sitio."
idlehearts.com

La visión de la familia Burton empezó a hacerse realidad cuando mi marido y yo arrancamos nuestra empresa de administración. Sin embargo, su visión de arrancar su propio canal de YouTube acerca de sus ruedas sería una acción que nos inspiraría a todos. El "Show Squad" es como él llama a sus espectadores, y deberían estar listos para un programa no solo acerca de sus ruedas, sino también sobre las discusiones que tiene con sus hijas.

Mi marido decidió crear su primer canal de YouTube sobre coches. Mi marido se mantuvo firme en hacer algo nuevo y diferente para año nuevo. Estaba en un punto en el que quería asegurarse de poder dejar recuerdos para sus hijas. Él es quien me inspiró a empezar a escribir este libro para dejar recuerdos a nuestras hijas. Qué forma más creativa de crear recuerdos para tus hijos creando un canal de YouTube, un lugar donde la familia puede acceder cuando estamos pensando en vosotros. Pasa lo mismo cuando tienes un podcast. Es como tener Facebook LIVE, y es una versión más económica de una película de Marvel. Volver atrás y ver sus videos es algo que hago incluso ahora que todavía él vive, bien y con nosotros. Ese hombre apuesto de piel clara me hace reír, y puedo ver su potencial cada vez que veo sus videos.

En realidad, mi marido empezó a hacer su video de YouTube como una comedia. Es divertidísimo cómo él y

Jasmyn van y vienen en los videos acerca de todo. Jasmyn tenía 15 años cuando su padre comenzó a crear su canal y ella fue la editora y creadora de la versión final del video. Él le dio esa responsabilidad. Reunirían la visión y él y ella harían que sucediera. Saldrían de casa y encontrarían el lugar perfecto para grabar el video. Una parte muy importante de este proceso fue la parada en Dunkin Donuts para disfrutar de un gran capuchino con helado de nuez y mantequilla, camello en el costado de la taza, no dentro, con caramelo de crema batida y nueces encima. Después de que mi esposo y Jasmyn, también conocida como J-Camille, regresaron a casa, era trabajo, trabajo, trabajo: era hora de editar el video y publicarlo.

En ese preciso instante, sé con seguridad que ampliar nuestra visión familiar no era la intención de lo que estaba haciendo mi marido. Estaba creando recuerdos con nuestra hija y al mismo tiempo ampliando nuestra visión familiar. Se trata de tener la visión, crear un plan y trabajar en ese plan. También tienes que comprometerte con él independientemente de si tiene éxito o no. Sigue haciéndolo porque a alguien le gustará. Y si llega a manos de alguien que pueda ayudarte a patrocinar tu sueño, el cielo no será el límite.

Lo que aprendí de este momento es que formar una gran relación con tu cónyuge trata de inspirarse mutuamente. Esa inspiración nos mantiene unidos, y nos ha mantenido juntos durante años. Durante esos tiempos difíciles, siempre recordamos que hay algo que debemos esperar con ganas, algo que ya comenzamos a formar juntos. Puedes inspirar a la gente y ni siquiera saberlo. También aprendí que si te involucras en algo con un propósito significativo y eres intencional, automáticamente se ampliará la visión de la familia y harás que "Siga Volviendo a Casa… *con Amor*".

EPÍLOGO/CONCLUSIÓN

Hasta que nos volvamos a ver, "Que Siga Volviendo a Casa" aprendiendo y queriéndonos los unos a los otros, superando obstáculos, valorando la tradición familiar y ampliando la visión familiar. Ten en cuenta estos puntos de aprendizaje:

MOMENTO *Uno*

Lo que aprendí de este momento es que es importante reflexionar sobre el entusiasmo que tenías cuando conociste por primera vez a la persona con la que algún día compartirías tu mundo. Intenta recordar los detalles de todo porque necesitarás estos recuerdos como motivación cuando empiezes a pasar por las etapas de aprendizaje mutuo. Al principio, siempre es bueno, pero si estás en una relación con alguien durante más de un año y las responsabilidades están asociadas a la relación, las cosas comenzarán a complicarse y a volverse desafiantes. ¿Y que por qué es eso? Bueno, cómo lo consigues es cómo lo mantienes. Necesitaba asegurarme de seguir siendo ese primer día y ese primer mes yo, la chica que lo intrigaba y mantenía su atención. También es importante tener confianza en lo que hace y cómo se mueve, y crear esa fantasía siendo creativo y estratégico en la forma en que maneja las situaciones. En cuanto a mí, puede que no sea la más sexy, pero soy sexy. Puede que no sea la más resultona, pero no estoy mal, y puede que no sea la más inteligente, pero sé cómo hacer que "Siga Volviendo a Casa……*con Amor.*"

MOMENTO *Dos*

Lo que aprendí de este momento es que si soy capaz de usar mis fortalezas la mayor parte del tiempo en mis relaciones y controlar mis debilidades, puedo construir un vínculo más fuerte con mi hombre, mi familia y mis amigos. Si puedo pintar la imagen de una relación con éxito y ganar la aceptación de mi hombre, esto podría llevar a una relación más fuerte y prolongada, y esto hará que "Siga Volviendo a Casa...... *con Amor*".

MOMENTO *Tres*

Lo que aprendí de este momento es que tienes que ser un participante activo en tus relaciones, ya sea tu hombre, mujer, amigo o enemigo. Desarrollar una mentalidad a prueba de balas en lo que respecta a su matrimonio te ayudará a cerrar la puerta de atrás, sabiendo que nadie es perfecto, pero también sabiendo que aceptas lo que acepta y que depende de ti trabajar para mantener tu relación sagrada. Asegúrate de dejar algo positivo en tu matrimonio para mantener el equilibrio de los obstáculos que se interpondrán en tu camino. Continúa haciéndote esas preguntas importantes para alejarte de revivir el pasado y concentrarte en crear un futuro más prometedor. De hecho, esto hará que "Siga Volviendo a Casa...... *con Amor*".

MOMENTO *Cuatro*

Lo que aprendí de este momento es que tu pasado es tu base, pero no es tu hoy ni tu futuro. Tu pasado solo debería hacerte más fuerte y vulnerable al *Amor*. La única manera de construir un futuro mejor es avanzar desde el pasado y tomar la decisión de centrarte en el sitio al que te diriges y no el sitio donde has estado. Es fantástico reflexionar sobre el pasado, pero continuar reviviendo el dolor puede seguir restando valor al objetivo de construir un vínculo más fuerte. A través de mi viaje de crecimiento y al volver a las metas de relación que apunté, he podido identificar los obstáculos que me me pondrán trabas con anticipación y construir estratégicamente un plan de juego para el éxito. Al ser positiva y continuar contribuyendo a construir un futuro más prometedor, esto sin duda hará que "Siga Volviendo a Casa…… *con Amor*".

MOMENTO *Cinco*

Lo que aprendí de este momento es que asegurar que haya un día o unos cuantos días en los que mi marido espere con ganas es muy importante, pero poder colaborar con parejas que tienen el mismo objetivo en mente siempre es una gran contribución para "Siga Volviendo a Casa...... *con Amor*".

MOMENTO *Seis*

Lo que aprendí de este momento es a valorar la tradición y comprender cuán valiosa es la tradición. Las tradiciones familiares nos mantendrán unidos durante esos tiempos difíciles y aseguran la construcción de un vínculo más fuerte. Dicen que la vida es corta y debemos valorar cada momento, pero ya que la muerte es inevitable, debemos acordarnos de los recuerdos que tenemos y continuar manteniendo vivo el legado de la tradición. Esto, amiga mía, el valor de la tradición hará que "Siga Volviendo a Casa…... con *Amor*".

MOMENTO *Siete*

Lo que aprendí de ese momento es que ampliar la visión familiar trata de realmente de vivir una vida abundante, arriesgarse, probar cosas nuevas aunque no tengan ningún sentido y pasarlo bien. Nuestras hijas algún día tendrán que salir de casa y encontrar su camino. La visión que mi marido y yo les hemos inculcado, y las semillas que hemos plantado en ellas, ayudarán a mantenerlas con los pies en la tierra y humildes con el objetivo de vivir una vida abundante. Ampliar la visión de la familia sin duda harás que "Siga Volviendo a Casa...... *con Amor*".

MOMENTO *Ocho*

Lo que aprendí de este momento es que construir una gran relación con tu cónyuge va sobre inspirarse mutuamente. Esa inspiración nos mantiene unidos, y nos ha mantenido juntos durante años. Durante esos tiempos difíciles, siempre recordamos que hay algo que debemos esperar, algo que ya comenzamos a construir juntos. Puedes ser inspirador para la gente y ni siquiera saberlo. También aprendí que si te involucras en algo con un propósito significativo y eres intencional, automáticamente se ampliará la visión de la familia y harás que "Siga Volviendo a Casa…… *con Amor*".

¡Muy pronto! Haz que Siga Volviendo a Casa……. *con Amor*

"El Calor de Tu Hogar Determina la Temperatura de Tu Relación"

Libro No. II se centrará en el *Amor*:

- Decoración del Salón
- Observar la Serenidad
- Ver la Naturaleza
- Tonos Uniformes con un Toque de Color

AGRADECIMIENTOS

Me gustaría agradecerle *a Dios Padre, a mi marido durante 20 años y a mis hijas Jada, Jasmyn, Jordyn y Jade* por ser la inspiración para escribir este libro. Si no hubiera sido por vuestro amor y los recuerdos que creamos y compartimos, no habría podido escribir este libro. Os quiero más de lo que pensáis y seguiré protegiéndoos de la mejor forma que pueda mientras yo esté aquí y/o si no estoy. Rezo para que sigais volviendo a casa.

También me gustaría agradecer a mi equipo que ayudó a apoyar y animar mi objetivo de escribir y publicar un libro lleno de contenido valioso en un tiempo récord de tan solo tres meses. Mi equipo profesional incluye a mi hermano y hermana de otra madre, Ankur y Zarna Patel, mi marido, J-Camille Productions y Elite Authors.

A las personas y entidades que no tenían idea de que estaba escribiendo este libro, pero que me inspiraron en el camino sin saberlo. Esas personas y entidades incluyen la Iglesia de Dios en Cristo de New Smyrna dirigida por el pastor Jacob A. Pickett, Jr. y la primera dama Belinda Pickett, mi padre que me llevó a una iglesia cuando él jugaba al baloncesto, mi padrastro y mi familia política, Sra. Diane Shula (Overton), Sr. Niznik (Overton), las amas de casa de Rolling Meadows, Sr. y Sra. Mondale y Anita Jamison, y Sr. y Sra. Ahmand y Robiar Smith (RB Pest Solutions). Los quiero a todos y les deseo un éxito duradero en sus matrimonios.

Y a mi Ace, no podría vivir la vida sin ti. Mi querida madre me ayudó a lo largo de todo este proceso y ha estado presente en mi viaje y en cada momento revelado en este libro. Mi madre siempre ha sido mi mayor apoyo y una líder y mentora poderosa y transformadora para mí. Ella es mi motivadora y continúa inspirándome todos los días de mi vida. Que te quiero.

SOBRE LA AUTORA

Nacida de los padres de Anniece Anderson-Owens y Robert Hoskins, Shenitha Burton se crió en Chicago, Illinois, en los proyectos de Robert Taylor, donde vivía con su madre, sus tías, tíos y primos. Fue a la Escuela Primaria Overton, a la Escuela Secundaria Marie Sklowdowska Curie, a la Escuela de Peluquería Pivot Point, a Northwestern Business College, donde se especializó en Negocios, en la Universidad Purdue Calumet, donde se graduó en Sociología con la optativa de Justicia Penal, y en la Universidad Estatal de Michigan en el programa de certificación de títulos de grado.

Durante su vida, Shenitha Burton ha trabajado en McDonalds como cajera, donde también cocinaba patatas fritas, en el teatro Ford City Movie, donde trabajó en el puesto de comida, en UPS como cargadora y, más adelante, en los tribunales federales, donde trabajó duro y se comprometió con la calidad del trabajo, el liderazgo y la creatividad. Shenitha Burton se instaló profesionalmente cuando fue contratada por la Corte de los Estados Unidos, donde ascendió a través de las clasificaciones. Comenzar desde abajo le permitió valorar el trabajo duro y la dedicación. Se mantiene humilde en todo lo que hace y la mayoría de las veces antepondrá los demás a sí misma. Shenitha se dio cuenta de que crecer en liderazgo y tomar conciencia de sus temas distintivos la ayudó a encontrar la pasión en lo que hace. Shenitha es una campeona de fortalezas que lidera siendo Desarrolladora, Aprendiz, con Input, como Futurista, Relatora, Triunfadora, con Confianza

En Sí Misma, Responsable, que Incluye a Los Demás y Analítica.

Las aficiones de Shenitha Burton consisten en tomar postre antes de cenar, hablar en público, escribir libros de no ficción, patinar, tocar el piano, leer, pasar el rato en el camino de entrada o en el patio de atrás con los vecinos e ir de vacaciones con la familia. Shenitha es una aprendiz de por vida que ha logrado varios premios como ACS/ALB en Toastmasters mientras ocupaba los puestos de liderazgo de Presidente, Director de Área y Director de División, Colegio de Abogados de la Ciudad y el Estado Certificado de Reconocimiento en Educación Relacionada con la Ley, Sociedad Honoria Hispánica, Alpha Beta Gamma, Mu Alpha Beta y mucho más.

Para obtener más información sobre las conferencias anuales, asesoramiento y los clubs de lectura dedicados a "Haz Que Siga Volviendo a Casa, con Amor", envía un correo electrónico a info@sblove.design o visita la página web: keephimcominghome.net.

www.ingramcontent.com/pod-product-compliance
Lightning Source LLC
LaVergne TN
LVHW070437080526
838202LV00038B/2838